LE SÉNAT

ET

LE SCRUTIN DE LISTE

PAR

LÉONCE DÉTROYAT

PARIS

E. DENTU, LIBRAIRE-ÉDITEUR

PALAIS-ROYAL, 15, 17, 19, GALERIE D'ORLÉANS

—

1881

LE SÉNAT

ET

LE SCRUTIN DE LISTE

PARIS

IMPRIMERIE BALITOUT, QUESTROY ET C^{c}
rue Baillif, 7.

LE SÉNAT

ET

LE SCRUTIN DE LISTE

PAR

LÉONCE DÉTROYAT

PARIS

E. DENTU, LIBRAIRE-ÉDITEUR

PALAIS-ROYAL, 15-17-19, GALERIE D'ORLÉANS

1881

LE SÉNAT

ET

LE SCRUTIN DE LISTE

Les élections générales sont terminées depuis quelques jours à peine. On dit et l'on répète un peu partout que la Chambre actuelle ne sera que le reflet de la précédente. Nous ne nous arrêterons pas à l'examiner.

Notre but, en prenant la plume, est simplement de rechercher ce qui se dégage de ces dernières élections, au point de vue de la politique générale.

Trois résultats nous semblent acquis dès à présent :

La nécessité de remplacer le scrutin d'arrondissement par le scrutin de liste ;

L'urgence de conserver la division du pouvoir législatif en deux Chambres et de faire réellement du Sénat l'élément modérateur de la démocratie, de telle sorte que, loin d'affaiblir la souveraineté nationale, il ne puisse que la fortifier ;

Le besoin de former un parti de conservation sociale, dans la République même, contre la Révolution, qui lève la tête.

Nous n'avions pas besoin, personnellement, de la triste expérience que l'on vient de faire du scrutin d'arrondissement pour être l'ennemi résolu de ce mode de votation. De tout temps nous avons été partisan du scrutin de liste par département.

Si, pourtant, nos convictions avaient pu être ébranlées parfois par les objections que des hommes politiques éminents ont opposées au scrutin de liste, en faveur du scrutin d'arrondissement, le doute ne subsisterait plus chez nous, à la suite des scènes honteuses auxquelles ce dernier a donné lieu tant à Paris qu'en province. Ces spectacles attristants ont dû ramener tous les bons esprits à la réalité.

Le scrutin d'arrondissement est condamné à disparaître de nos mœurs politiques.

Les luttes électorales, qui ont pris fin le 4 septembre, ont bien attesté que :

Il est le pire des moyens d'en appeler au pays ; il est la négation la plus flagrante qui soit de la Liberté ; il représente l'Absolutisme gouvernemental dans sa forme la plus directe et la plus tyrannique ; il est l'anéantissement de tout ce qui peut s'appeler une organisation sérieuse, honnête, partant respectable et digne d'être respectée ; il favorise la mise à prix des consciences ; il est antipolitique, car il est un obstacle insurmontable à la formation d'un groupe politique national ; il est, enfin, l'arme redoutable des politiciens d'estaminet. Et, si l'on n'y prend garde, ces derniers finiront par éloigner de la représentation nationale tous les hommes de talent, dégoûtés de se trouver en face de leurs électeurs dans des réunions publiques comme celles qui viennent de déshonorer le suffrage universel.

Est-il rien de plus plaisant, de plus menteur que ces professions de foi de tous genres qu'on aperçoit s'étalant sur les murs pendant la période électorale?

N'est-il pas vraiment désolant, pour ne pas dire plus, de voir des hommes sérieux, des hommes de talent dignes de tout respect, comparaître devant des masses ignorantes. — ce sont toujours les mêmes qui fréquentent les réunions publiques; — qui, si un candidat refusait de leur promettre la lune lorsqu'elles la demanderaient, ne sauraient proférer contre lui que des injures et des menaces !

Avec le scrutin d'arrondissement, l'avenir est aux impudents, aux hommes sans vergogne.

Avec le scrutin d'arrondissement, la représentation nationale ne peut se composer que de mandataires de toutes catégories, — parfois de la pire espèce, — sans mandat précis.

Avec le scrutin de liste, au contraire, la représentation nationale ne renfermerait que des mandataires triés, respectables et respectés, avec un mandat bien défini.

Le parti qui s'intitule « le parti conservateur » doit comprendre maintenant la faute qu'il a commise en ne se montrant pas favorable au scrutin de liste !

Combien de ceux qui ont été vaincus dans les dernières luttes électorales seraient revenus à leurs bancs de députés, si le scrutin de liste avait été voté par le Sénat !

Ce mode de votation permet, en effet, les concessions et les transactions entre les partis divers. Les hommes de talent de toutes nuances politiques auraient eu ainsi la chance

— auraient eu le droit — de figurer sur les listes électorales. La part des minorités eût été faite, en raison même et en proportion de leurs influences dans les départements.

Le scrutin d'arrondissement a produit les élections de quarante et un monarchistes et quarante-sept bonapartistes, c'est-à-dire de deux groupes à peu près égaux et ennemis, qui n'ont d'autre ressource pour tenter de mettre le gouvernement en échec, que de faire alliance entre eux et de rechercher l'appui des intransigeants et des mécontents de la gauche !

Et ces résultats étaient faciles à prévoir, car plus la circonscription électorale est restreinte, plus l'action gouvernementale est grande. C'est pourquoi beaucoup de conservateurs n'ont pas osé affronter les luttes dernières ! Et l'on ne saurait les en blâmer. Ne leur fallait-il pas, pour briguer des suffrages qui, s'ils leur avaient été favorables, — ce qui était fort douteux, — les auraient envoyés siéger sur les bancs d'une minorité impuissante ; ne leur fallait-il pas, disonsnous, dépenser des sommes importantes et braver en même temps les ennuis, les hontes des réunions publiques du genre de celles qui ont fait à MM. Gambetta, Lockroy, Floquet, entr'autres et même à M. Henri Rochefort, simple spectateur, l'accueil que l'on sait ?

La composition ordinaire des réunions publiques est une sinistre farce.

Et nous passons sous silence les calomnies que la presse entière déverse sur chacun des candidats de toutes nuances, si bien que, s'il fallait en croire tout ce qui s'est dit, tout ce qui s'est écrit sur chacun des élus, on ne trouverait pas même à classer les mandataires de la nation dans le rebut de la société !

Il faut avoir le courage de le dire, le scrutin d'arrondissement c'est la dictature du cabaret.

C'est la fin de la démocratie honnête et l'avènement de
la démocratie imbécile.

C'est le triomphe de ce que Stuart Mill a si justement
appelé « les intérêts sinistres ».

Tous ces dangers, le scrutin de liste peut les conjurer. Mais
« resserrer le vote dans un arrondissement à la désignation
d'un seul député », c'est, suivant la parole de Royer-Collard,
« rabaisser l'électeur au niveau des intérêts mesquins et
locaux » Et, d'autre part, c'est, comme l'a fort bien défini
Daunou, « faire de l'arrondissement une puissance politique
par droit de territoire, système qui ne repose sur aucun fait,
sur aucune maxime ».

Le scrutin de liste peut-il à lui tout seul écarter les dangers que nous venons de signaler ? Nous ne le pensons pas.
Nous estimons qu'il ne les conjurerait qu'en partie seulement ; et qu'un Sénat véritablement démocratique serait un
grand élément de force en vue de la défense des intérêts
sociaux, s'ils venaient à être menacés.

Nous allons examiner tout d'abord si ce Sénat remplirait
bien le but que nous venons d'indiquer. Sa nécessité étant
admise, il nous restera alors à rechercher dans quelles limites
il pourrait se mouvoir et exercer son influence.

Le résultat de nos observations, de nos méditations, de nos
études sur ce sujet est que, surtout dans un État démocratique, l'institution d'un troisième pouvoir, placé entre le pouvoir

exécutif et le pouvoir législatif, est un besoin absolu pour le maintien de l'ordre et pour la défense des intérêts sociaux.

Cette institution nous est apparue comme la conséquence forcée de l'application du suffrage universel.

Il y a une école exclusive, égoïste, qui prétend donner directement au peuple la puissance souveraine dans les affaires de l'État. Cette école, dont Watel et Bentham ont été les apôtres les plus distingués, soutient que « la démocratie « est l'état d'un peuple où le corps de la nation retient à soi « l'empire et *le droit de commander* ». Cette théorie est à la fois une erreur et un danger, et la propagation de cette doctrine ne peut être que funeste au peuple lui-même. Partout, dans toutes les nations, il est certain que la majorité des citoyens se compose de gens qui possèdent peu ou point. Dans une nation où le suffrage universel est la loi fondamentale des institutions politiques, cet état de choses mérite une attention sérieuse et réclame des mesures spéciales. Si, en effet, cette majorité devait ou pouvait *commander*, il est évident qu'elle dépouillerait la minorité qui possède, soit par les moyens violents, c'est-à-dire par la Révolution, soit par les voies légales, c'est-à-dire au moyen de l'impôt. Ce serait alors l'oppression la plus inique exercée au nom du droit et de la justice ; ce serait l'asservissement des classes éclairées, laborieuses et qui possèdent, sous le despotisme aveugle, épouvantable des masses ignorantes, paresseuses et impitoyables. En un mot, ce serait le triomphe d'une *démoarchie* destructive, omnipotente, s'établissant au nom de cette politique, de ce que Stuart Mill appelait « les intérêts sinistres ».

Le suffrage universel a cela de dangereux qu'il développe dans les esprits bornés ces tendances néfastes. Il faut à tout prix remédier à ce mal, sous peine de voir la démocratie tomber dans la démagogie oppressive et odieuse.

Un jour, Diderot rencontrant le neveu de Rameau lui dit : « Il y a une éternité que je ne vous ai vu ! Qu'avez-vous fait ? »
» — Ce que vous, moi et tous les autres faisons, lui répondit
» son interlocuteur : du bien, du mal et rien... Et puis, j'ai
» eu faim et j'ai mangé quand l'occasion s'est présentée. »

Dans ce court et familier colloque, nous trouvons l'origine de toutes les révolutions. Les révolutionnaires sont ceux qui, ayant faim, ne veulent pas se donner la peine de chercher à satisfaire leur appétit. Ils s'en prennent alors à tout et à tous de leurs souffrances. Ils voient dans la révolution un intérêt, « intérêt sinistre », c'est-à-dire « l'occasion de manger. » Ils se mettent en révolte contre ceux qui mangent.

Et c'est à cette majorité qu'on aurait l'imprudence d'abandonner le *droit de commander ?*

Ce pouvait être là une thèse soutenable dans la démocratie ancienne, qui pratiquait l'esclavage et qui ignorait la division du travail ; mais la démocratie moderne a pour devoir de limiter la puissance du peuple au *contrôle*, lequel ressort de la périodicité des élections.

Aussi est-ce avec raison que, contrairement à Watel, le député Thibaudeau a pu déclarer, le 21 mars 1795 :

« Une constitution démocratique n'est pas celle où le peuple *exerce* lui-même tous les pouvoirs. »

Si le peuple — c'est-à-dire la majorité de ceux qui possèdent peu ou point — commandait, c'est lui qui ferait les lois, et les lois seraient antisociales. « Que disent les lois, » a écrit Châteaubriand ? « Respectez le bien d'autrui. Que disent

» les intérêts ? Prenez le bien d'autrui. La morale des inté-
» rêts est donc par le fait antisociale. »

Ainsi comprise, la démocratie serait une erreur ; ainsi ap-
pliquée, elle serait le bouleversement de toute vérité, de toute
justice ; mais, si l'on se met en garde contre cette politique des
« intérêts sinistres », il faut bien reconnaître, d'autre part,
avec Hume que « les propriétaires sont des petits tyrans qui
mettent à leur tête l'un deux pour les protéger et pour les
défendre ».

La solution du problème social consiste donc à tenir la
balance égale entre les *tyrans* qui possèdent et les *révolutionnaires* qui ne possèdent pas. Le problème est, certes, difficile
à résoudre, mais ces difficultés ne sont pas insurmontables.
Elles ne doivent pas l'être.

Si la mission des philosophes est d'indiquer le vrai, celle
des hommes politiques est d'en faire dans les lois l'application
la plus large. Et, pour cela, ils n'ont qu'un moyen : s'inspirer
des mœurs, des progrès, des besoins des peuples. C'est
pourquoi, au risque de nous faire traiter d'*opportuniste*, nous
définirions la politique par ces mots :

La science du possible qui se trouve entre l'actuel qui est le
point de départ, et le vrai, qui est le point d'arrivée.

Le vrai ne se décrète pas. Il est, mathématiquement par-
lant, une fonction du temps.

Cette façon de comprendre la politique, de Tocqueville
l'approuvait en blâmant ceux qui ne savent pas apporter de
« formes » dans l'appplication des principes, même les plus
incontestés.

« Les hommes, disait-il, qui vivent dans les siècles démo-

» cratiques ne comprennent pas aisément l'utilité des *formes*...
» Les *formes* excitent leur haine. Comme ils n'aspirent d'or-
» dinaire qu'à des jouissances faciles, ils s'élancent vers
» l'objet de chacun de leurs désirs. Les moindres délais les
» désespèrent. Ce tempérament qu'ils apportent dans la vie
» politique les indispose contre les *formes*, qui les retardent
» ou les arrêtent chaque jour dans quelques-uns de leurs
» desseins ».

De tout ce que nous venons de dire résulte évidemment
le besoin de créer une autorité protectrice et, en même temps,
aimante duprogrès, mais à condition, toutefois, qu'elle ne
soit pas contraire aux principes de la démocratie.

Si cette autorité n'est pas instituée, nous arriverons fatale-
ment tôt ou tard au despotisme d'un seul.

A notre humble avis, l'institution du Sénat est de nature à
empêcher cette éventualité, mais non pas, bien entendu;
l'institution du Sénat telle qu'elle existe actuellement.

Comment faut-il donc l'envisager? Nous nous rallions en-
tièrement, sur ce point, à l'opinion de Stuart Mill. Le célèbre
écrivain s'appuyant sur ce que « le grand vice de la démocratie
est l'inintelligence, » voudrait qu'on établît dans l'État,
entre le pouvoir exécutif et le pouvoir législatif, un troisième pouvoir « composé de tous les hommes publics qui ont
occupé des charges ou des fonctions publiques importantes ».
Nous ne trouvons rien dans les principes de la démocratie
qui s'oppose à ce qu'on proportionne la capacité aux fonctions.
M. Thiers, et avec lui MM. Dufaure et Bonjean entr'autres,

voulaient un Sénat composé des *hautes classes*, mais avec un corps électoral recruté parmi les censitaires.

Nous considérons, nous, comme un grave péril la création d'un corps électoral séparé pour chacune des deux puissances législatives.

Nous estimons qu'une Chambre issue d'un suffrage restreint, partant aristocratique, ne peut se maintenir qu'en tant qu'aristocratie. Et c'est ce qu'il faut surtout éviter dans un état démocratique.

Les constituants de 1791 et de 1848 eurent le tort de ne pas introduire dans la Constitution l'établissement de cet élément pondérateur et essentiel à la démocratic.

Avec une seule Chambre, dont il était le partisan, A. Marrast disait, en 1848 : tout est simple, car « *tout doit fléchir devant la loi* ».

Est-il despotisme plus effrayant que celui-là ?

Que devient, dès lors, le pouvoir exécutif ? Un ridicule instrument à la merci des volontés des mandataires du peuple, esclave de leurs passions, de leurs intérêts et souvent de leur sottise.

Il reste maintenant trois points à examiner :

Par qui le Sénat sera-t-il élu ? Comment sera-t-il recruté ? Quelles seront ses attributions ?

Comme Thiers, Dufaure et quelques autres hommes politiqnes, Prévost-Pavadol, dans sa *France nouvelle*, se déclare, pour l'élection du Sénat, partisan d'un corps électoral composé de conseillers généraux ou régionaux.

Ce système se rapproche beaucoup de celui qui est usité pour l'élection du Sénat américain. On voit, en effet, qu'aux États-Unis les sénateurs sont élus par les membres de la législature de leurs États respectifs, et que cette législature est formée d'un Sénat et d'une Chambre nommés eux-mêmes par l'universalité des habitants.

Chaque Etat, quelle que soit sa population, ne peut élire que deux sénateurs. Or, comme la confédération se compose de trente-sept Etats, le Sénat américain compte soixante-quatorze membres seulement.

Le candidat du Sénat doit avoir *trente* ans, n'occuper aucun emploi fédéral, au moment où il pose sa candidature, et ÊTRE DOMICILIÉ DANS L'ÉTAT, ce qui est la garantie qu'il apportera tous ses soins à bien représenter, au Sénat, les intérêts qui lui sont confiés par ses mandants.

En France, le Sénat est beaucoup plus nombreux. Certains départements élisent cinq sénateurs, d'autres quatre, puis trois et enfin deux, sauf l'arrondissement de Belfort et les quatre colonies de la Martinique, de la Guadeloupe, de la Réunion et des Indes françaises, ainsi que les trois départements de l'Algérie, qui n'ont droit qu'à un sénateur.

Le Sénat français est composé de 300 membres.

Aux Etats-Unis, le sénateur est un élu au *deuxième degré*, car il est, si l'on nous permet le mot, le *produit* d'élus du *premier degré :* députés et sénateurs des Etats, désignés directement par l'universalité des habitants.

Nous devons supposer que le législateur français de 1875 a voulu s'inspirer de la législation américaine quand il a voté que les sénateurs français seraient élus *au scrutin de liste* par un collége électoral composé :

1° Des députés ;

2° Des conseillers généraux ;

3° Des conseillers d'arrondissement ;

4° Des délégués élus par chaque conseil municipal par les électeurs de la commune.

Ajoutons à cela que le Sénat renferme des *inamovible* élus à l'origine, au nombre de soixante-quinze, par l'Assemblée nationale. En cas de décès ou autre cause, il est pourvu au remplacement de ces législateurs privilégiés par le Sénat lui-même.

Or, qu'advient-il par le jeu de ces combinaisons étranges, plus faites pour satisfaire des ambitions personnelles que les vrais intérêts du pays ?

Il advient que le Sénat se compose des éléments les plus divers, en désaccord flagrant avec les principes de la démocratie, nous voulons dire avec l'application sincère du suffrage universel.

Et, en effet, le Sénat ainsi recruté renferme :

1° Des élus au second degré — ceux-là qui proviennent des vote émis par les conseillers généraux et d'arrondissement, ainsi que par les députés ;

2° Des élus au troisième degré — ceux-là qui proviennent des votes émis par les délégués des conseils municipaux ;

3° Des élus au quatrième degré, — les *inamovibles*, — provenant du choix des sénateurs des second et troisième degrés.

Une organisation semblable peut-elle subsister dans un État républicain ? Évidemment non.

Aux États-Unis, il n'y a que des sénateurs élus au second degré et il n'y a pas d'*inamovibles*.

LES INAMOVIBLES DOIVENT DISPARAITRE DU SÉNAT.

La division par Etats, l'organisation générale de la confédération américaine peuvent expliquer l'élection des sénateurs au deuxième degré. Le président de la République y est même élu au *troisième degré*. L'ensemble des institutions américaines, la vaste étendue du territoire, les conditions climatériques si différentes de chaque Etat, les mœurs variées de chacun de ceux-ci, le caractère même des Américains, peuvent être pour ceux-ci d'excellents arguments en faveur de l'application du suffrage universel, pratiqué de telle sorte que, plus l'élu est haut placé, plus le nombre d'électeurs est restreint. Mais en France, dans un pays centralisé comme le nôtre, dans un pays d'une petite étendue comparée à celle des États-Unis, où les intérêts sont identiqnes pour tous, il nous semble que le suffrage universel doit rester intact et que le mutiler c'est le dénaturer, c'est l'amoindrir.

En l'état, notre Sénat républicain ne peut avoir l'autorité de la Chambre élue directement par le suffrage universel. Et devant une révolution, il resterait sans prestige, comme sans force, à l'image des Pairies et des Sénats, dont les souverains choisissaient les membres selon leur fantaisie, sous prétexte de leur confier, aux jours de danger, la garde des institutions monarchiques.

Nous consentons à faire du Sénat non pas un simple tribunal de conflits entre la Chambre des députés et le Président de la République, — nous ne lui discuterons pas les attributions, les prérogatives que lui accorde la Constitution de 1875 ;

2

— mais un Sénat qui provient d'une origine aussi anormale que celle que nous venons d'indiquer a-t-il le droit de revendiquer « l'initiative et la confection des lois *concurremment avec la Chambre des députés ?* »

Nous le nions énergiquement.

Un pareil Sénat a-t-il la force nécessaire, l'autorité suffisante pour pouvoir dissoudre la Chambre des députés avant l'expiration de son mandat, d'accord avec le Président de la République qui n'est lui, d'autre part, qu'un élu AU CINQUIÈME DEGRÉ ?

Soutenir une thèse pareille dans un pays de suffrage universel est vraiment grotesque. Ou le suffrage universel est une réalité, un besoin, un progrès, et alors, malgré tous ses inconvénients, il faut l'appliquer sérieusement ; ou il est un mensonge, et alors, quand cela sera bien constaté, il faut ou le rayer de nos lois ou se résigner à ne le considérer que comme un simple moyen d'action à l'usage des forts, c'est-à-dire au préjudice des faibles.

La Constitution de 1875, cette Constitution « entourée de langes monarchiques », comme l'a fort bien dit M. Louis Blanc, a fait de l'application du suffrage universel une pure plaisanterie, et c'est seulement en souriant, qu'en dehors de la Chambre des députés, on peut parler aujourd'hui de la souveraineté nationale. Seule la Chambre des députés est souveraine, seule elle est d'essence démocratique. Et tant que cette Chambre proviendra du suffrage direct et que le Sénat, aussi bien que le Président de la République, ne sera composé que d'élus du second, troisième, quatrième et cinquième degrés, les mandataires du peuple provenant du suffrage direct auront une prépondérance incontestable mais dangereuse, sur toutes les affaires de la nation, car ils auront avec eux le pays par le nombre, et la force par le pays.

Le peuple, qui choisit ses mandataires, a irréfutablement le droit, et nous disons même le devoir, de nommer leurs gardiens, si ces gardiens leur sont nécessaires pour le repos et la tranquillité de tous.

L'impôt constitue la première condition de la capacité électorale.

L'égalité de tous les citoyens devant l'impôt est absolue, ce qui revient à dire que l'égalité de tous devant l'urne électorale est également absolue.

Nous en concluons que le suffrage qui élit la Chambre des députés doit être le même que celui qui élit le Sénat, sans quoi il n'est pas admissible — et la chose lui a été contestée — que le Sénat ait en matière d'impôt les mêmes prérogatives, les mêmes droits que la Chambre des députés.

Mais si nous réclamons pour le Sénat l'application du suffrage direct comme il est pratiqué pour la Chambre, nous réclamons pour celle-ci le mode de votation adopté pour le Sénat, c'est-à-dire le scrutin de liste.

Nous cherchons en vain les raisons plausibles qui ont motivé l'application du suffrage universel direct avec le scrutin d'arrondissement pour le recrutement de la Chambre des députés et l'application du suffrage restreint du second au quatrième degré avec le scrutin de liste pour le recrutement du Sénat.

Tous les vices que nous venons de signaler sur l'organisation du Sénat et sur son recrutement ne peuvent pas éviter l'objection, plus sérieuse en apparence qu'au fond, que, s'il était, ainsi que la Chambre des députés, issu du suffrage universel direct, le Sénat ne serait, comme A. Marrast le déclarait en 1848, que le « *dédoublement* de la Chambre des députés ». Dans cette communauté d'origine, pour les deux parties du pouvoir législatif, lui apparaissait l'occasion de rivalités, de conflits, dont « l'une d'elles ne pouvait sortir qu'amoindrie. »

L'objection mérite d'être prise en considération. Pour obvier à cet inconvénient, il suffirait, croyons-nous, d'adopter pour le Sénat un recrutement différent de celui de la Chambre : il suffirait, voulons-nous dire, de n'en ouvrir les portes qu'à certaines catégories de citoyens, comme le conseillent Stuart Mill, Thiers, Dufaure, Bonjean et autres.

Nous nous sommes, pour nous convaincre, posé la question suivante :

Est-il préférable de substituer les candidatures inconditionnelles au Sénat, produisant des élections aux deuxième, troisième et quatrième degrés, aux candidatures circonscrites dans des catégories déterminées parmi lesquelles le suffrage universel aurait la faculté de faire directement ses choix?

La réponse ne nous a pas semblé douteuse. Malgré tous les défauts que ces dernières candidatures peuvent présenter, elles sont évidemment de beaucoup préférables aux premières. Elles restent, en tout cas, démocratiques.

Un Sénat créé dans ces conditions, représenterait la pratique des affaires, la prudence, la sagesse et le prestige. Dès lors, la Chambre des députés n'ayant plus de raison de revendiquer pour elle seule le droit et la force, pourrait, sans mettre le pays en danger, commettre les fautes qui sont le fruit de l'inexpérience et de décisions prises trop précipitamment, car le Sénat aurait toute autorité pour les réparer ou en éviter les effets,

Certains esprits voudraient limiter les attributions du Sénat au droit de *remontrances*, comme celui dont jouissaient jadis, en France, les Parlements et dont jouit le président des États-Unis, une sorte de *veto suspensif* pareil à celui que conféra à l'infortuné Louis XVI la Constitution de 1791. Nous pensons, nous, qu'avec le recrutement du Sénat tel que nous venons de l'indiquer, les sénateurs peuvent faire les lois « concurremment avec les députés », comme l'admet la Constitution de 1875.

Le législateur américain s'est montré particulièrment préoccupé de donner au Sénat des attributions en quelque sorte prépondérantes, sinon dans le texte même de la loi, au moins en fait.

Ainsi aux, États-Unis, le Sénat ne se renouvelle que tous les *six* ans, tandis que les députés renouvellent leur mandat tous les *deux* ans.

Le sénateur américain reste pendant les six ans attentif, en présence du développement intérieur et extérieur des affaires de l'Etat. Son influence dans la politique fédérale devient ainsi justement considérable.

Le sénateur américain est, en général, un des hommes les plus importants de son Etat.

Le député, lui, ne siége que pendant deux sessions, l'une de six mois, l'autre de trois mois.

La Chambre des députés est, de cette façon, accessible aux

hommes distingués appartenant à toutes les classes de la société, commerçants, industriels, savants, etc., qui, se sentant entraînés vers la vie publique, veulent faire l'expérience de leurs aptitudes.

Pendant le court espace de temps que durent les sessions législatives dans les *deux* années de leur mandat, ils peuvent tenter la chance de se créer une situation conforme à leur goût, et si, ce temps écoulé, ils n'ont pas réussi, ils retournent à leurs clients, qu'ils ont eu la faculté de conserver, chose qui ne serait pas possible si leur mandat législatif se prolongeait au-delà des deux ans fixés par la loi électorale.

La Chambre des députés à Washington, est ou peut être, en raison de cette organisation, une sorte d'école politique par laquelle sont appelés à passer les hommes les plus remarquables de toutes les professions ; mais c'est véritablement le Sénat qui, par son organisation, prend et détient l'influence prépondérante dans la marche des affaires fédérales.

Il pourrait en être de même, en France, si le Sénat français avait l'autorité et le prestige que possède, aux Etats-Unis, le Sénat américain.

Cette autorité, ce prestige, notre Sénat les posséderait si son recrutement s'opérait au moyen de candidatures circonscrites dans des catégories déterminées, parmi lesquelles le suffrage universel directement consulté ferait ses choix.

Quoi qu'il en soit, il n'est pas douteux pour nous, en présence des résultats que viennent de produire les élections générales, qu'il faut attribuer au Sénat une puissance qu'il n'a pas, et que cette puissance il ne la trouvera que dans l'égalité des suffrages avec la Chambre des députés. Il va sans dire qu'il ne peut plus être question, dans la reconstitution du Sénat, d'*inamovibles* qui, nous le répétons avec énergie, doivent disparaître.

Ainsi organisé le Sénat serait une barrière redoutable à opposer à la Révolution. Mais il en est une autre qui nous semble devoir se dresser à côté du Sénat, c'est la formation d'un groupe national conservateur !

Un homme de grand mérite, Lacordaire, a dit un jour du haut de la chaire de Saint-Roch, peu de temps après le coup d'Etat de 1851 :

« Il ne faut pas faire le mal pour que le bien en sorte. » Cette pensée est juste, certainement, au point de vue de la morale ; mais, en politique, elle est d'une vérité absolue.

Est-il folie plus grande que celle de ces gens qui se disent : « J'ai horreur du gouvernement, je vais lui faire une opposition à outrance, au risque de provoquer une révolution qui le renversera. »

Mais, quand le gouvernement aura été jeté à terre par cette révolution, qui peut répondre des suites de sa chute?

Nul n'a le droit de renverser que ce qu'il peut sûrement remplacer. On ne devrait même logiquement admettre que cette thèse : nul n'a le droit de renverser que ce qu'il peut remplacer avec avantage.

Or, que proposent, pour mettre à sa place, ceux qui veulent encore, aujourd'hui, renverser la République? Rien qui soit possible, rien qui soit acceptable par la majorité.

La République vit plus ou moins bien depuis dix ans.

A ceux qui déclarent hautement, chaque jour, qu'elle a

mal vécu, il serait bien possible de demander : A qui la faute?
mais nous consentons pour l'instant à joindre nos récrimina-
tions aux leurs.

La République, dirons-nous avec eux, ne fait que commettre sottises sur sottises.

Mais quand nous aurons fait et refait ces déclarations, le
pays nous aura-t-il cru ? L'aurons-nous convaincu ? Il suffit.
pour répondre à ces interrogations, de consulter les résultats électoraux obtenus, depuis plusieurs années, dans les
élections successives.

En 1876, il y avait 9.733.734 électeurs inscrits.

Il y eut 7.388.234 votants.

Le chiffre des abstentions fut de 2.345.500.

En 1877 il y avait 9.948.449 électeurs inscrits, et 8.087,323
émirent un vote.

Il n'y eut donc que 1.861.126 abstentions.

Cette année, 10.179.345 électeurs inscrits ont été appelés
aux urnes le 21 août.

7.181.443 ont répondu à cet appel.

Il y a donc eu 2.997.902 abstentions.

En 1876, 4.028.153 bulletins étaient républicains, 3 mil-
lions 202.333 monachistes.

En 1877, il y avait 4.367.202 bulletins républicans et
3.577.882 monarchistes.

Cette année, il y a eu 5.128.442 votes républicains et
1,789.767 votes monarchistes ou bonapartistes exprimés.

Que si les conservateurs objectaient que les abstention-
nistes sont tous des ennemis de la République, nous addition-
nerions, pour leur être agréable, les 2.997.902 abstentions

des élections dernières avec les votes exprimés en leur faveur dans ces mêmes élections : soit 1.789.767 — ce qui donne le chiffre total de 4.787.669. Or, les républicains ayant obtenu 5.128.442, ont encore à leur avantage 340.773 voix. Ils sont donc en majorité incontestable, en dépit de tous les calculs qu'on peut établir contre eux.

Le tableau suivant permettra de se rendre compte plus facilement des modifications que nous venons d'indiquer pour les années 1877 et 1881 :

	Scrutin du 14 octobre 1877	Scrutin du 21 août 1881
Électeurs inscrits........	9.948.449	10.179.345
Votants...............	8.087.323	7.181.443
Abstentions...........	1.861.126	2.997.902
	ou 18.70 0/0	ou 29.45 0/0
Suffrages républicains...	4.367.202	5.128.442
— monarchiques..	3.577.882	1.789.767
Voix perdues..........	142.240	263.234

Cette majorité ne peut qu'augmenter et se fortifier.

Les causes de cette progression croissante sont évidentes.

La première de toutes, c'est l'impossibilité absolue de remplacer la République par un autre système de gouvernement.

Le parti bonapartiste est absolument en désarroi, il est impuissant; il a à sa tête un homme d'une intelligence de premier ordre, mais qui n'a pas pu ou qui n'a pas su grouper autour de lui les partisans d'un jeune prince que ses idées politiques, il faut le dire, auraient appelé à être plutôt l'héritier d'une monarchie aristocratique que d'une démocratie populaire comme celle que devraient représenter les Bonapartes. Or, le prince Napoléon est un César plus républicain que monarchiste.

A la Chambre, il siégerait plus près de M. Clémenceau que de M. Gambetta. Il est aussi autoritaire, d'ailleurs, que chacun des chefs des opportunistes et des intransigeants.

Voilà le Bonaparte légitime héritier du troisième Empire éventuel! Ajoutons qu'il a pour ennemis les plus acharnés, les bonapartistes qui sont restés fidèles à la mémoire du prince impérial, fils de Napoléon III.

Le parti légitimiste est aussi respectable que possible, nul ne lui marchande le respect auquel il a droit. Mais ce n'est plus qu'une fiction, un souvenir dont nous devons garder certaine fierté, car la monarchie séculaire de France a eu de grands et glorieux jours. Mais, hélas! cette monarchie a fait son temps. Elle n'est plus qu'une intéressante page d'histoire déjà ancienne, destinée à apprendre à nos enfants comment s'est faite l'unité d'une France aristocratique, qui est devenue démocratique, et qui ne peut plus grandir et prospérer que dans la démocratie.

« Un squelette peut être revêtu de pourpre, un mort est aussi mort dans un tombeau de marbre que dans un tombeau de pierre. »

Reste le parti orléaniste, c'est-à-dire un état-major qui s'est disloqué et dont les chefs sont, en grande partie, ralliés aujourd'hui à la République, les uns par haine du parti bonapartiste, les autres parce qu'ils ne trouveraient pas leur place dans une monarchie aristocratique et cléricale, comme celle que nous ramènerait le comte de Chambord, si, par impossible, il revenait s'asseoir sur le trône de ses pères.

La mort du comte de Chambord, sur laquelle ont déjà tant compté certains partisans de la royauté du comte de Paris, pourrait ajouter, il est vrai, quelques orléanistes de plus à la faible bande de ceux qui en restent, mais ce petit lot ne donnerait qu'un bien mince appui au modeste contingent qui est resté fidèle à la monarchie orléaniste.

Et, d'ailleurs, pourquoi revenir à l'orléanisme ? Pour faire, dit-on, « la meilleure des républiques » ? Mais, « la meilleure des républiques », c'est la République elle-même, avec ses propres institutions démocratiques et l'exclusion de tout droit héréditaire ; c'est la souveraineté de tous, bien préférable à la souveraineté d'un texte.

La République est fondée désormais définitivement. Jusqu'en 1873, beaucoup hésitaient encore à se rallier à elle. L'étonnante et ridicule conduite des fusionnistes a fait perdre à la monarchie le plus grand nombre de ses partisans. Ceux-ci sont allés à la République ; ils s'y sont installés, ils y resteront.

Le parti bonapartiste, seul, avait encore une force imposante dans le pays. Les sympathies que le prince impérial s'était attirées faisaient du parti bonapartiste un parti redoutable. La mort héroïque de ce jeune prince a jeté le désordre et la désorganisation dans les rangs de ses partisans.

La parti bonapartiste proprement dit maintenant, se compose de l'entourage du prince Napoléon ! quelques rares amis ! *Rari nantes !...*

Avec une habileté et une énergie qu'on ne saurait leur contester, les républicains ont, jusqu'à ce jour, fermé les portes de tous les emplois à tous ceux qui pouvaient leur paraître suspects de tiédeur pour les institutions républicaines ; on n'a plus accès dans aucune branche de l'administration, de l'armée, de la magistrature, si l'on ne fait preuve de républicanisme. En présence de l'impossibilité de remplacer le gouvernement qui détient le pouvoir et qui dispose des places, les pères pour les enfants, les enfants pour eux-mêmes, pour leur avenir, se sont ralliés au fur et à mesure à la République. La monarchie et l'empire ne pouvant leur offrir que des espérances lointaines et chimériques, ils ont, en grande majorité, cherché un refuge auprès de ceux qui peuvent leur procurer les éléments d'une vie réelle, les conditions ordinaires d'un bien-être immédiat et progressif. Pères et enfants se sont faits républicains. Ils votent pour la République. Ils la consolident. Ils assurent sa durée indéfinie, et leurs enfants agiront comme eux. Que faire contre un pareil état de choses ?

Se vouer à une irréconciliabilité au moins inutile ?

Qui l'oserait conseiller? Ceux-là seuls qui peuvent gratuitement et sans aucun souci se draper dans le manteau d'une riche indépendance. Ils sont dignes du respect et de l'estime de tous ! Mais les autres, qui ont besoin de gagner leur vie, et c'est le plus grand nombre, quelle raison auraient-ils de ne pas courber la tête devant le fait accompli !

Si triste qu'apparaissent ces circonstances aux ennemis de la République, elles n'en sont pas moins d'une réalité, d'une vérité saisissantes.

L'indifférence politique est la première conséquence de cet état de choses. Et cette indifférence, on la trouve surtout chez les conservateurs encore indécis, qui n'osent pas prendre hardiment une résolution catégorique, mais dont les hésitations ne peuvent plus durer longtemps.

Ne lisait-on pas ces jours-ci, dans un remarquable article de M. F. Magnard, directeur du *Figaro*, au sujet des abstentions du VIII° arrondissement, qui ont été la cause de l'échec que M. F. Passy a fait subir au candidat des monarchistes M. Godelle :

» L'échec de M. Godelle est tout à fait désobligeant pour » le parti conservateur, mais il ne saurait s'en prendre qu'à » lui-même.

. . . .

» M. Godelle devait être nommé ; il ne l'est point par la » faute des conservateurs. Nous ne perdrons point de temps » à les plaindre, mais il nous sera permis de prendre désor- » mais leurs lamentations moins au sérieux. »

M. F. Magnard aura raison, en effet, de ne point perdre son temps à plaindre des conservateurs en déroute.

A part quelques-uns de ceux-ci que leur passé, leurs affections, leurs traditions de famille enchaînent encore aux diverses branches monarchiques qui ont régné sur la France, il n'y a que des gens qui n'ont plus de répugnance sérieuse pour une République qui, quoi qu'on en dise, fonctionne aussi bien que les régimes précédents. Leur répugnance n'existe véritablement que pour les hommes qui sont au pouvoir, qui n'étaient rien il y a dix ans, disent-ils, et qui sont tout aujourd'hui.

Ces répugnances sont puériles et de peu d'importance, et elles ne sont que passagères.

D'ailleurs, rendre le pouvoir accessible au plus humble, au plus obscur, n'est-ce pas la véritable force des démocraties, cette force qui les rendra bientôt inexpugnables ?

Chaque jour les injures, les quolibets pleuvent sur M. Gambetta. Ces injures, ces quolibets ne sont-ils pas la répétition de ce qui se disait, de ce qui se publiait sous la Monarchie contre M. Guizot, sous l'Empire, contre M. Rouher?

Tout bouleversement amenant un état de choses nouveau produit les mêmes effets.

Chateaubriand a dit avec une vérité et une justesse d'esprit bien remarquables :

« Il faut beaucoup de siècles pour mûrir les choses, pour
» amener un changement essentiel dans les sociétés, parce
» que les générations contemporaines ne meurent pas le même
» jour ; que, au milieu de la race nouvelle, il reste des
» hommes du siècle écoulé qui croient que tout est perdu,
» parce que la société à laquelle ils appartiennent a fui autour
» d'eux sans qu'ils s'en soient aperçus, »

Il faudrait être aveugle maintenant, après les épreuves électorales dont nous venons d'être témoins, depuis quelques années, pour ne pas voir qu'un grand bouleversement s'est produit dans nos mœurs politiques.

Le pouvoir est et restera à l'avenir le patrimoine des classes intermédiaires. Ce sont sans doute ces dernières que M. Gambetta a désignées sous le nom de « nouvelles couches sociales », en prédisant leur avénement.

Les classes supérieures, avec leurs regrets du passé, avec leurs aspirations, avec leurs préjugés, sont désormais impropres à gouverner ; les classes inférieures avec leurs vices, avec leurs besoins, sont le jouet de chefs ambitieux, souvent déclassés, auxquels elles n'obéissent qu'autant qu'ils flattent leurs mauvais instincts. Aussi les sacrifient-elles successivement, pour cause d'incapacité ou de fourberie, dès que d'autres plus ambitieux et plus habiles leur font de plus séduisantes promesses. Ces classes ne sont donc propres qu'à préparer sans cesse les révolutions et à les faire éclater, si elles ne sont contenues et désarmées à temps.

Seules, les classes intermédiaires sont aptes à gouverner, comme elles l'ont prouvé sous la Royauté, depuis Hugues Capet jusqu'à Louis XIV. Ce sont elles qui, durant ce long espace de temps, ont été le puissant régulateur de la politique. Lorsque Louis XIV, s'unissant à la noblesse, a voulu les éloigner du pouvoir, il a préparé la révolution qui, en 1793, a conduit Louis XVI à l'échafaud. En 1848, les classes inférieures ont un instant dirigé les affaires; elles ont aussitôt produit la réaction d'où est sorti l'Empire.

Nous le répétons, seules, les classes intermédiaires, dans un État démocratique, sont aptes au gouvernement. Elles forment, du reste, la grande majorité de la nation.

Pourquoi donc tous ceux qui, n'ayant aucune attache absolue avec le passé, appartiennent à ces classes intermédiaires, ne s'uniraient-ils pas dans un but commun : Reconnaître et accepter les faits existants, prendre au besoin leur part dans la direction des affaires, lutter avec le gouvernement contre la Révolution sans cesse menaçante, et former ainsi la droite du parti républicain.

La France ne compterait plus, dès lors, comme partis politiques que :

Les ultra-monarchistes, c'est-à-dire les hommes du passé.

Les ultra-démocrates, c'est-à-dire les hommes d'un avenir-idéal.

Le parti national, c'est-à-dire les hommes du présent, de l'opinion publique, du progrès s'avançant d'une façon constante et lente vers la Liberté, l'Égalité et la Fraternité, symbole sublime qui résume les tendances de l'Humanité.

Nous avons pensé que l'heure était venue de constituer ce groupe politique national — désormais le véritable groupe conservateur — et que le temps des oppositions à outrance était passé.

Combattre dans la République pour l'ordre, pour le progrès et pour la conservation sociale, tel serait, croyons-nous, le programme de ce groupe national conservateur. Nous serions heureux d'en faire partie. Nous compterions parmi ses membres les plus sincères, car nous serions, entre tous, le plus convaincu de son importance et de son utilité.

LÉONCE DÉTROYAT.

7 septembre 1881.

www.ingramcontent.com/pod-product-compliance
Lightning Source LLC
Chambersburg PA
CBHW051352060726
47596CB00005B/1884